BEI GRIN MACHT SICH IHR WISSEN BEZAHLT

- Wir veröffentlichen Ihre Hausarbeit,
  Bachelor- und Masterarbeit

- Ihr eigenes eBook und Buch -
  weltweit in allen wichtigen Shops

- Verdienen Sie an jedem Verkauf

Jetzt bei www.GRIN.com hochladen und kostenlos publizieren

Bibliografische Information der Deutschen Nationalbibliothek:

Die Deutsche Bibliothek verzeichnet diese Publikation in der Deutschen National-
bibliografie; detaillierte bibliografische Daten sind im Internet über http://dnb.d-
nb.de/ abrufbar.

Impressum:

Copyright © 2018 GRIN Verlag
Druck und Bindung: Books on Demand GmbH, Norderstedt Germany
ISBN: 9783668709218

Dieses Buch bei GRIN:

https://www.grin.com/document/420569

Luca Willms

Numerologie. Religiöse Bedeutung der Zahlenmystik

GRIN Verlag

GRIN - Your knowledge has value

Der GRIN Verlag publiziert seit 1998 wissenschaftliche Arbeiten von Studenten, Hochschullehrern und anderen Akademikern als eBook und gedrucktes Buch. Die Verlagswebsite www.grin.com ist die ideale Plattform zur Veröffentlichung von Hausarbeiten, Abschlussarbeiten, wissenschaftlichen Aufsätzen, Dissertationen und Fachbüchern.

Besuchen Sie uns im Internet:

http://www.grin.com/

http://www.facebook.com/grincom

http://www.twitter.com/grin_com

Inhaltsverzeichnis:

1. Zahlenmystik

1.1 Einleitung

Das Zählen ist fast so alt wie der Mensch selbst. Die ersten Zählversuche mit natürlichen Zahlen reichen bis in die Zeit vor etwa 2,5 Millionen Jahren zurück, aus der allerdings keine Schrifterzeugnisse existieren. In den vielen verschiedenen Kulturen der Welt entwickelten sich natürlich auch viele Arten des Zählens und des Umgangs mit Zahlen. Unser Zehnersystem ist da nur eines von Vielen. Aber Zahlen sind mehr als das Zählen oder das Durchführen abstrakter Rechenoperationen mit ihnen. Zahlen haben seit Menschengedenken auch eine andere, höhere Bedeutung, die sich von ihrem eigentlichen Zählzweck abhebt. Man denke nur an berühmte Beispiele wie die Zahl Drei im Christentum in Verbindung mit der Trinität Vater, Sohn, Heiliger Geist oder auch an eher heidnisch geprägte Bedeutungen von Zahlen. Die Sieben steht für Glück, die Dreizehn für Pech. Solche Vorstellungen verändern die Welt. Unglückszahlen werden im Alltag vermieden, zum Beispiel gibt es im Kempener Krankenhaus kein Zimmer mit der Nummer Dreizehn. Glückszahlen, die einem begegnen, werden als gutes Omen angesehen. In dieser Facharbeit will ich aber bei der religiösen Bedeutung dieser sogenannten Zahlenmystik oder „Numerologie" bleiben.

1.2 Die jüdische Kabbala

Kabbala ist der Name einer Strömung im Judentum, die sich durch eine ausgesprochen mystische Interpretation des Alten Testaments auszeichnet. Sie existiert seit dem 13. Jahrhundert nach Christus. Das Wort "Kabbala" bedeutet im Hebräischen so etwas wie "empfangen" oder "überliefern". Anhänger der Kabbala erhoffen sich durch eine intensive Beschäftigung mit den alttestamentarischen Texten abseits des geschriebenen Wortes, einen direkteren Dialog zu Gott, indem sie die geheimen Botschaften der Texte zu entschlüsseln versuchen. Im „Sefer Jezira", einem wichtigen Lehrbuch der Kabbalisten, heißt es: „[...] Erforsche diese Zahlen genau und ziehe Wissen aus ihnen. Folge der Form der Reinheit, und du wirst vor den Schöpfer auf seinem Thron gelangen."[1]

1.3. Die Zahlbuchstaben

Nach der Lehre der Kabbala haben alle Buchstaben des hebräischen Alphabets jeweils drei Ebenen: Eine Sprach-, eine Schrift- und eine Zahlenebene.[2] Die ersten beiden Eigenschaften kommen uns bekannt vor, doch die dritte scheint unbekannt. Das hebräische Alphabet umfasst 22 Buchstaben, von welchen jedem ein spezifischer Zahlenwert zugeordnet ist: Die Buchstaben Aleph (א) bis Tet (ט) bilden die Einer- (1-9), die Buchstaben Jod (י) bis Tzade (auch Sadhe) (צ) die Zehner- (10-90) und die letzten 4 Qoph (ק) bis Taw (ת) die Hunderterreihe bis 400 (100-400). Um nun eine Zahl zu schreiben, kombiniert man, ähnlich der römischen Zahlschreibung, zwei oder mehr Zeichen. Mit dieser begrenzten Anzahl an Mitteln ergibt sich bei der Schreibung von höheren Zahlwerten das Problem zu vieler Zahlenglieder. Seit dem Mittelalter kann man durch Schreiben eines Punktes hinter dem Zahlbuchstaben "Nullen" hinzufügen, sodass sich auch höhere Zahlen ohne größere Umstände schreiben lassen.[3]

Der Schlüsselbegriff des Alten Testaments ist der Name des jüdischen Gottes Jahwe (geschrieben JHVH). Wenn man die Buchstaben des Namens in ihre jeweiligen Zahlwerte übersetzt, besitzen diese den Zahlenwert 26.

---

[1] Sefer Jezira 1,4, zitiert in Jeremy Rosen, Geheimnisse der Kabbala, 5.
[2] Jeremy Rosen, Geheimnisse der Kabbala, 36.
[3] Vgl. Harald Haarmann, Weltgeschichte der Zahlen, 89f.

Jod (10) + He (5) + Waw (6) + He (5) = 26

Die so ermittelte Zahl wird nun von den Kabbalisten mit den Zahlwerten anderer Wörter des Alten Testaments in Verbindung zu gebracht. Hier einige Beispiele:

- 26 ergibt sich, wenn man die Zahlenwerte der Namen der beiden Urmenschen Eva und Adam subtrahiert: Adam (45) – Eva (19) = 26
- Die Summe zweier wichtige Begriffe Liebe (Ahavad) und Eins, das Absolute/Göttliche, (Echad) beträgt ebenfalls 26: Ahavad (13) + Echad (13) = 26

Doch es wird nicht nur mit anderen Zahlenwerten von Buchstaben, sondern auch mit generell mit Zahlen der Religion verglichen:

- 26 Generation trennen Adam von Moses
- Vers 26 im ersten Kapitel des Buches Mose beschreibt die Schaffung des Menschen nach dem Ebenbild Gottes

Der Gottesname ist im Judentum sehr heilig und als Zeichen der Huldigung ist das Aussprechen und Ausschreiben in hohem Maße tabuisiert. Dies wirkt sich natürlich auch auf die Zahlschreibung aus: Die Zahl 15 würde, nach eben erklärten Prinzip, eigentlich so geschrieben werden:

10 (י, Jod) + 5 (ה, He) = 15 (י ה)

Doch, da dies zu sehr an das Ende (Hebräisch wird von rechts nach links gelesen) des Gottesnamens (Jod (10) + He (5)), erinnert, einigte man sich darauf, stattdessen Tet (ט, 9) + Waw (6,ו) zu schreiben.[4]

1.4. Die Sephiroth

Die Sephiroth, auch kabbalistischer Lebensbaum genannt, ist ein zentrales Element der kabbalistischen Vorstellung (siehe Abbildung 1). Ihre erste Erwähnung findet sie in der „Sefer Jezira", die ich ja bereits in der Einleitung zitiert habe. Sie ist eigentlich kein kabbalistisches Buch, sondern eher ein wichtiger Wegbereiter der kabbalistischen Ideen. „Sephiroth" (dt.: „Lichtkreise") ist die Mehrzahl des hebräischen Wortes „Sephira", was sich mit „Ziffer" übersetzen lässt. Außerdem ist es mit dem griechischen Wort „Sphäre" verwandt. Die Sephiroth klärt in den Augen der Kabbalisten die Frage, „wie der körperlose, unendliche,

---

[4] Vgl. Harald Haarmann, Weltgeschichte in Zahlen. 93f.

unerfahrbare Gott mit der körperlichen Welt interagieren kann"[5]. Er tut dies durch die zehn verschiedenen Arten seiner Existenz, die in ihrem Zusammenspiel die Welt bilden. Die Sephiroth symbolisiert hierbei mit ihren zehn Gliedern alle Teile der göttlichen und irdischen Welt. Zugrunde liegt dieser Vorstellung die Idee der Emanation (lat. „emanatio", Ausfluss): Danach hat Gott seinen Ursprung danach in sich selbst, war also zunächst eine Einheit. Aus dieser Einheit wurde die Vielheit an Emanationen, zum Beispiel den zehn göttlichen Eigenschaften, die in der Sephiroth gezeigt werden.[6]

Wie bereits erwähnt, wird die Sephiroth auch Lebensbaum genannt, doch diese Bezeichnung ist eigentlich unpassend, weil die Sephiroth von oben nach unten wachsen. Sie kommt aber nicht nur in der Baumform, sondern auch als Kreis oder in Menschengestalt dargestellt vor. Innerhalb der Sephiroth gibt es 10 Teile („kabbalistische Basiseinheit", zum Beispiel Zehn Gebote[7]), denen allen verschiedenen Namen aus dem Tanach zugeordnet sind. Der Tanach ist die Sammlung der für den jüdischen Glauben relevanten Texte aus dem Alten Testament. Die meisten der Namen stammen aus dem 1. Buch der Chronik. Die Bedeutung der einzelnen Sephiroth werde ich nun erläutern. Die Zahl der Verbindungen zwischen den Lichtkreisen beträgt 22, angelehnt an die Anzahl der hebräischen Buchstaben.[8]

---

[5] Jeremy Rosen, Geheimnisse der Kabbala, 38.
[6] Vgl. https://de.wikipedia.org/wiki/Emanation_(Philosophie).
[7] Harald Haarmann, Weltgeschichte der Zahlen, 94
[8] Helmut Werner, Die Kabbala, 28f/https://de.wikipedia.org/wiki/Sephiroth

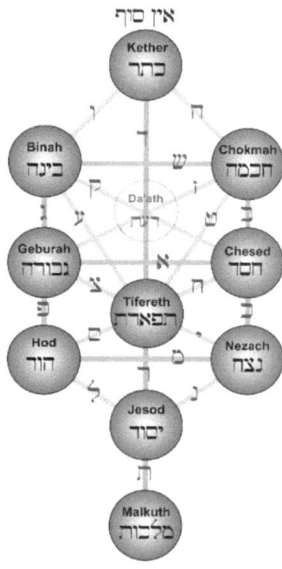

Abbildung 1: Der kabbalistische Lebensbaum

Die oberste Sephira „Kether", zu Deutsch „Krone", bildet den Anfang des Baumes und aus ihr gehen alle weitere Sephiroth hervor. Sie ist „seit Ewigkeiten im Absoluten"[9]. Unter der Kether sind die beiden Sephiroth „Chochma" (Weisheit) und „Bina" (Verstand), dieses Paar ist für das Nachdenken, Ideen finden und die Umsetzung der Ideen zuständig. Chochma hat als theoretische Vernunft Ideen, die dann von der praktischen Vernunft, Bina, ausgeführt werden. Zusammen bilden die ersten drei Glieder das „Vernunftreich", denn im kabbalistischen Verständnis gilt die Vernunft als höchstes göttliches Gut.

Die zweite Ebene bildet das sogenannte „Seelenreich". Aus der Kether geht „Tifereth" (Herrlichkeit) hervor. Dieses hat links und rechts von sich „Chesed" (Huld, Gnade) und links „Gebura" (Stärke). Das verdeutlicht die Bipolarität Gottes: Auf der einen Seite als gnädiger und freundlicher Gott, der dem Menschen wohlgesinnt ist, auf der anderen Seite aber auch der mächtige Gott, der den Menschen durchaus auch strafen kann. Beide diese Seiten sind Teil seiner Herrlichkeit.

---

[9] Helmut Werner, Die Kabbala, 31

Die untersten drei Sephiroth entsprechen dem „Reich der Natur", also der materiellen Welt. Zu ihr gehören „Nezach" (Festigkeit), Hod (Pracht), und „Jesod" (Fundament). Nezach ist die Fähigkeit des Beharrens auf einer Sache, Hod die Begabung, sich zu Höherem zu entwickeln und Jesod steht für das astrologische Kraftprinzip, das höhere Energien zur Erde leitet.[10]

Als letztes gibt es noch „Malkuth" (Reich), diese Sephira steht für unsere irdische Welt. An diesem Punkt endet der Strom der göttlichen Kräfte, die dauerhaft in unsere Richtung fließen.

Es gibt noch einen Sonderfall, auf der Abbildung auch nur angedeutet: Die unsichtbare Da`at. Sie ist eigentlich keine der Sephirot. In der Vorstellung der Kabbalisten ist sie der Punkt, an dem die Kräfte höherer Prinzipien in für uns wahrnehmbare Kräfte umgewandelt werden.[11]

2. Berührungspunkte zwischen Kabbala und RSA-Verschlüsselung

Die traditionelle Interpretation der heiligen Schriften durch die Kabbalisten und die moderne hochkomplexe RSA-Verschlüsselung scheinen auf den ersten Blick nicht viel gemeinsam zu haben. Die beiden bewegen sich in grundverschiedenen Welten: Die der sakralen, vagen Religion und die der säkularen, exakten Wissenschaft. Doch, wenn man einen genaueren Blick darauf wirft, ergeben sich einige Parallelen, denn beide Dinge verfolgen dasselbe Ziel: Man will eine geheime Nachricht entschlüsseln. Die Kabbalisten die verborgenen Botschaften Jahwes in der Tora und die Kryptologen den Ursprungstext eines chiffrierten Textes. Bei den Kabbalisten ist es Gott, der sich ihnen in verschlüsselter Form offenbart.

3. RSA-Verschlüsselung

3.1 Einleitung

Geheimniskrämerei gehört zum Wesen des Menschen dazu. Wir wollen nicht, dass jeder weiß, was wir tun, sprechen, schreiben. Früher mag es noch einfacher gewesen sein, seine Geheimnisse zu verschleiern, aber in Zeiten der mannigfaltigen technischen Möglichkeiten (insbesondere des Internets) hat sich das geändert. Verschlüsselung ist für die Gesellschaft sehr wichtig geworden. Die erste große und bekannte Verschlüsselungsmethode sollte jedem ein Begriff sein: die Caesar-Verschlüsselung. Dies ist eine sehr einfache Art der

---

[10] Vgl. Helmut Werner, Die Kabbala, 31f.
[11] Vgl. Henrik Eberle, Das verlorene Symbol: Der Schlüssel zu Dan Browns Bestseller, 246f.

Kryptographie: Sie funktioniert, indem man die Buchstaben des Alphabets um eine bestimmte Anzahl verschiebt (Beispielsweise bei einer Verschiebung um 2 wird a zu c, b zu d und so weiter). Natürlich ist diese Art der Verschlüsselung sehr anfällig, weil es ja höchstens 26 verschiedene Möglichkeiten der Chiffrierung gibt. So entwickelte man immer kompliziertere Verfahren der Verschlüsselung und gelangte schließlich zu den Public-Key Kryptosystemen über die ich hier schreiben möchte.

3.2 Geschichte des Verfahrens

Der RSA-Algorithmus wurde durch das Trio bestehend aus den Mathematikern und Kryptologen Ronald L. Rivest, Adi Shamir und Leonard Adleman entwickelt, die am Massachusetts Institute of Technology tätig waren. Schon vorher hatten sich die beiden Mathematiker Martin Hellman und Whitfield Diffie mit Public Key Verschlüsselungen beschäftigt. Sie stellten die Theorie auf, dass solche Kryptosysteme mathematisch unmöglich wären. Die drei oben Genannten versuchten nun, diese Behauptung zu widerlegen und ihrerseits einen solchen Algorithmus zu entwickeln. Mehrere Monate verbrachten die Drei damit, dass Rivest Vorschläge entwickelte, Adleman versuchte diese anzugreifen und Shamir beide in ihren Aufgaben unterstützte. Der große Durchbruch gelang ihnen im Mai 1977, als sie das erste Public-Key-Kryptosystem schufen.12 Doch das ist nicht die ganze Geschichte, denn bereits 1975 war es Kryptologen um Clifford Cocks am britischen GCHQ (Government Communications Headquarters), einer Regierungseinrichtung, ebenfalls gelungen, einen solchen Algorithmus zu entwickeln. Die Geheimhaltungsstatuten der Regierung machten ihnen aber einen Strich durch die Rechnung und so mussten sie tatenlos zusehen, wie Rivest, Shamir und Adleman unabhängig von ihnen ihre Entdeckungen erneut machten. Nachdem es ihm gestattet worden war, berichtete Cocks von diesem tragischen Umstand.13

3.3 Allgemeine Funktion

Ganz allgemein gesprochen ist eine Verschlüsselung immer ein mathematisches Problem, das möglichst groß beziehungsweise sehr schwer oder aufwändig lösbar ist. Die RSA-Verschlüsselung ist eine Art der Verschlüsselung, die auf Einwegfunktionen basiert: Die eine Richtung (das Verschlüsseln) ist sehr einfach, die andere (das Entschlüsseln) ist quasi unmöglich. Allerdings ist auch die Dechiffrierung einfach zu bewerkstelligen, wenn man den privaten Schlüssel kennt.[14] Diese speziellen Einwegfunktionen nennen sich Falltürfunktionen. Das RSA- Verschlüsselungsverfahren ist ein sogenanntes "asymmetrisches Kryptosystem",

---

[12] Vgl. Albrecht Beutelspacher, Kryptologie, 101.
[13] Vgl. https://www.swisseduc.ch/informatik/daten/kryptologie_geschichte/docs/public_key_verfahren_theorie.pdf, 3.
[14] Vgl. https://de.wikipedia.org/wiki/RSA-Kryptosystem.

das bedeutet, dass der Sender der Nachricht zum Chiffrieren und der Empfänger zum Verschlüsseln unterschiedliche Schlüssel benutzen. Im Fall der asymmetrischen Verschlüsselungsmethode gibt es zwei unterschiedliche Schlüssel: Den öffentlichen und den privaten Schlüssel. Der öffentliche Schlüssel ist (theoretisch jedenfalls) für jedermann verfügbar. Den privaten Schlüssel dagegen kennt nur der Empfänger des verschlüsselten Textes (siehe Abbildung 2). Von den öffentlichen Schlüsseln ist es mit unseren heutigen Möglichkeiten nicht in annehmbarer Zeit möglich auf die privaten Schlüssel zu schließen. Auf die Gründe für die hohe Sicherheit der Methode werde ich aber im Verlauf dieses Textes noch einmal eingehen. Allgemein läuft die Kommunikation folgendermaßen ab:

A möchte B einen Text T senden. Er/Sie sucht sich also den von B erstellten öffentlichen Schlüssel heraus und verschlüsselt damit den Text T. Diesen verschickt A an B. B empfängt den Geheimtext G und kann nun seinen privaten Schlüssel benutzen, um G zu dechiffrieren und T zu erhalten.

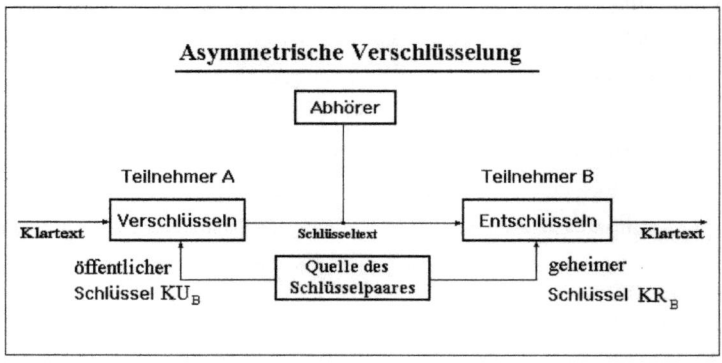

Abbildung 2: Allgemeine Funktion eines asymmetrischen Kryptosystems

3.4 Mathematische Funktion

Um eine Verschlüsselung mit dem RSA-System vorzunehmen, sucht man sich erst einmal zwei beliebig große Primzahlen p und q. Diese beiden Primzahlen multipliziert man miteinander und erhält eine neue Zahl, die Zahl N. Die Zahl N nennt man auch "RSA-Modul". Als nächstes bestimmt man $\varphi(N)$. Die sogenannte Eulersche Phi Funktion einer Zahl n zeigt alle Zahlen <n, die zu n teilerfremd sind, also deren größter gemeinsamer Teiler (ggT) 1 ist. Da N die Summe aus p und q ist, gilt:

$\varphi(N) = \varphi(p) \cdot \varphi(q)$

Bei Primzahlen ist die Berechnung der Phi-Funktion sehr simpel, denn Primzahlen sind ja schon per definitionem nur durch sich selbst und 1 teilbar. Die Primzahl selbst gilt nicht als Teiler, weil die Zahlen kleiner als die Zahl selbst sein sollen, also gibt es bei Primzahlen immer p-1 teilerfremde Zahlen <p. Also gilt:

$\varphi(N) = (p\text{-}1) \cdot (q\text{-}1)$

Damit hat man nun $\varphi(N)$ berechnet. Im nächsten Schritt denkt man sich eine Zahl e, die folgende Kriterien erfüllt: Sie muss aus dem Intervall $1<e<\varphi(N)$ stammen und ggT $(e,\varphi(N)) = 1$ entsprechen, das heißt sie muss zu $\varphi(N)$ teilerfremd sein. Die Zahlen e und N sind die zwei Komponenten des öffentlichen Schlüssels. Im nächsten Schritt muss man eine weitere Zahl, d, bestimmen. Dies geschieht, indem man die Gleichung $e \cdot d \equiv 1 \bmod \varphi(N)$ löst. Dazu stellt man diese erst so um, dass man die Form $e \cdot d + \varphi(N) \cdot k = 1$ erhält. Auflösen kann man diese diophantisch genannte Gleichung mit dem euklidischen Algorithmus:

$\varphi(N)$	e	q	r
29	13	2	3
13	3	4	1
3	1	3	0
1	0		

Beispiel für einen euklidischen Algorithmus

Dann wendet man den erweiterten euklidischen Algorithmus an.

$\varphi(N)$	e	q	r	k	d
29	13	2	3	-4	9
13	3	4	1	1	-4
3	1	3	0	0	1
1	0			1	0

Beispiel für einen erweiterten euklidischen Algorithmus

Durch diese Methode hat man nun k und d bestimmt. Das Ergebnis für k ist für unsere Zwecke unnötig, uns interessiert nur d. Der private Schlüssel ist jetzt ebenfalls komplett, er besteht aus d und N. Nun kann jemand, der eine Nachricht erhalten will, die Informationen des öffentlichen Schlüssels zum Beispiel ins Internet stellen, damit andere ihm verschlüsselte Nachrichtlichen senden können. Den privaten Schlüssel behält er natürlich für sich, um sich das Privileg vorzubehalten, die Texte zu dechiffrieren.

Person A nimmt nun also den öffentlichen Schlüssel e,N und verschlüsselt die Nachricht in den Geheimtext G, indem Er/Sie den Text T mit e potenziert und ihn danach durch N mit Rest teilt, mathematisch ausgedrückt also folgendes tut:

$$G = T^e \bmod N$$

Der Rest ist dann der Geheimtext, der nun wieder in einen Buchstaben umgewandelt werden kann. Diese verschlüsselte Botschaft schickt A nun los und B empfängt und entschlüsselt sie wieder.

Dazu benutzt er den privaten Schlüssel d,N. Er/Sie nimmt G hoch d und teilt wieder durch N mit Rest und erhält als Rest den Ursprungstext T:

$$T = G^d \bmod N$$

Er kann den Text nun lesen.[15]

3.5 Bespiel für eine RSA-Verschlüsselung

Zuerst wähle ich p und q: p=11;q=7

Dann berechne ich N:

$$N=7 \cdot 11=77 \quad N=77$$

Danach wird $\varphi(N)$ berechnet:

$$\varphi(77)= \varphi(11) \cdot \varphi(7)=(11-1) \cdot (7-1)=60 \qquad \varphi(N)=60$$

---

[15] Vgl. Albrecht Beutelspacher, Kryptologie, 108f/Christian Spannagel, RSA: Konstruktion der Schlüssel. (https://www.youtube.com/watch?v=oXlY-yx1oIw).

Ich nehme mir nun eine Zahl e, hier 53 und muss ich die folgende Gleichung lösen:

$$53 \cdot d + 60 \cdot k = 1$$

Dafür benutze ich den euklidischen Algorithmus:

$\varphi(N)$	e	q	r
60	53	1	7
53	7	7	4
7	4	1	3
4	3	1	1
3	1	3	0
1	0		

Anschließend den erweiterten euklidischen Algorithmus:

$\varphi(N)$	e	q	r	k	d
60	53	1	7	-15	17
53	7	7	4	2	-15
7	4	1	3	-1	2
4	3	1	1	1	-1
3	1	3	0	0	1
1	0			1	0

Wir setzen d und k in die Gleichung ein und überprüfen:

$$53 \cdot 17 + 60 \cdot (-15) = 1$$

Diese stimmt und wir haben unsere Schlüssel. Der öffentliche Schlüssel besteht aus 53 (e) und 77 (N), der private Schlüssel aus 17 (d) und 77 (N). Damit können wir nun eine beliebige Nachricht verschlüsseln. Nehmen wir als Beispiel den Buchstaben „b", den wir hier beispielhaft, aufgrund seiner Position im Alphabet als Zahl 2 schreiben. Wir potenzieren 2 mit 53 und rechnen das Ergebnis mod77(N).

$$2^{53} = 9.007.199.254.740.992$$

$$9.007.199.254.740.992 \bmod 77 = 74$$

13

74 ist der Geheimtext, um diesen wieder zu entschlüsseln, müssen wir ihn mit 17 (d) potenzieren und wieder mod77 rechnen.

$$74^{17} = 59832787379950079889132344705024$$

$$59832787379950079889132344705024 \bmod 77 = 2$$

Wir haben den ursprünglichen Text wieder dechiffriert und können ihn lesen.

3.6 Vor- und Nachteile des Verfahrens

Wie man durch die Erklärung der Funktion der Verschlüsselung sehen kann, hat die RSA-Verschlüsselung zwei Vorteile:

Erstens müssen Sender und Empfänger nicht dieselben Schlüssel haben, das heißt, ein direkter Austausch der Schlüssel ist nicht notwendig. Das minimiert natürlich die Gefahr eines Informationslecks, was einer dritten Partei Zugang zum Schlüssel gewährt, da nur der Empfänger den privaten Schlüssel geheim halten muss. Ferner ist die Integration neuer Teilnehmer sehr einfach, denn sie müssen sich nur den öffentlichen Schlüssel heraussuchen und können sofort mit dem Besitzer des privaten Schlüssels in Kontakt treten. Auch ist die Anzahl an Schlüsseln relativ überschaubar.[16] Ein weiterer Vorteil besteht darin, dass man von den öffentlichen Schlüsseln (noch) nicht auf die privaten Schlüssel schließen kann. Dazu müsste man nämlich p, q oder $\varphi(N)$ bestimmen. Die Vorgehensweise für das Herausfinden von p und q wäre, die Zahl N in ihre Primfaktoren zu zerlegen. Die Vorgehensweise für $\varphi(N)$ wäre, alle Zahlen <N auf ihre Teilerfremdheit zu überprüfen. Leider (oder zum Glück) gibt es keine effizienten mathematischen Verfahren zur Lösung dieser Probleme. Eine andere Herangehensweise wäre, es durch Ausprobieren, mit sogenannter "brute force" (roher Gewalt), zu versuchen. Doch aufgrund der schieren Größe der Zahlen, wir reden von über 200 Stellen, würden selbst die schnellsten Supercomputer Milliarden Jahre brauchen. Deswegen ist das RSA Verfahren (noch) nicht dechiffrierbar und so sehr sicher.[17]

Auf der anderen Seite gibt es natürlich auch einige Nachteile. Gegenüber symmetrischen Verschlüsselungssystemen ist für asymmetrische Algorithmen deutlich mehr Rechenkraft nötig und die Berechnung dauert länger. Ein hocheffizientes und sicheres asymmetrisches

---

[16] Vgl. Albrecht Beutelspacher, Kryptologie, 97.
[17] Vgl. Christian Spannagel, RSA: Ver- Und Entschlüsselung (https://www.youtube.com/watch?v=LgAj4pGVIqI&t=21s).

Kryptosystem ist noch nicht gefunden.[18] Deswegen weicht man heutzutage oft auf hybride Verfahren (z.b. PGP) aus. RSA ist in solchen Verfahren nur dazu da, den Schlüssel eines symmetrischen Verfahrens (z.B. AES) zu verschlüsseln, so dass man diesen sicher austauschen kann. Die eigentliche Nachricht wird dann mit einem symmetrischen Kryptosystem verschlüsselt. So kombiniert man die Vorteile beider Systeme und hat ein sicheres und trotzdem einigermaßen effizientes Gesamtsystem. Auch ist die Sicherheit des Systems nicht ewig gewährleistet, denn sobald ein schneller Algorithmus für die Herleitung des privaten aus dem öffentlichen Schlüssel entwickelt wird, also ein schneller Faktorisierungsalgorithmus, ist die Methode nicht mehr sicher. Einige mögen denken, dass dieser Fall niemals eintreten wird, aber allein die Tatsache der Nichtexistenz eines solchen beweist mathematisch noch lange nicht, dass es unmöglich ist, einen zu finden.[19]

---

[18] Vgl. Albrecht Beutelspacher, Kryptologie, 97f.
[19] Vgl. Albrecht Beutelspacher, Kryptologie, 114, 115

4. Quellen- und Literaturverzeichnis

Rosen, Jeremy: Geheimnisse der Kabbala. Hildesheim 2006 (Aus dem Englischen von Matthias Hackemann)

Haarmann, Harald: Weltgeschichte der Zahlen. München 2008

https://de.wikipedia.org/wiki/Emanation_(Philosophie), 21. Feb. 2018

Werner, Helmut: Die Kabbala. Eine Einführung in die jüdische Mystik. Hamburg 2012

https://de.wikipedia.org/wiki/Sephiroth, 21. Feb. 2018

Eberle, Hendrik: Das verlorene Symbol: Der Schlüssel zu Dan Browns Bestseller. Köln 2010

Beutelspacher, Albrecht: Kryptologie. Eine Einführung in die Wissenschaft vom Verschlüsseln, Verbergen und Verheimlichen. 9.Auflage. Wiesbaden 2009

https://www.swisseduc.ch/informatik/daten/kryptologie_geschichte/docs/public_key_verfahre n_theorie.pdf, 21. Feb. 2018

https://de.wikipedia.org/wiki/RSA-Kryptosystem, 9. Feb. 2018

Spannagel, Christian: RSA: Konstruktion der Schlüssel. https://www.youtube.com/watch?v=oXlY-yx1oIw, 10. Feb. 2018

Spannagel, Christian: RSA: Ver- und Entschlüsselung. https://www.youtube.com/watch?v=LgAj4pGVIqI, 10. Feb. 2018

5. Abbildungsverzeichnis

Abbildung 1: https://anthrowiki.at/Sephiroth, 21. Feb. 2018

Abbildung 2: http://www.fhwedel.de/~si/seminare/ws96/ausarbeitung/sicherh/sicherh2.htm, 21 Feb. 2018

6. Danksagung

An dieser Stelle möchte ich mir die Zeit nehmen, einigen Menschen zu danken, die in der ein oder anderen Weise an der Entstehung der Facharbeit mitgewirkt haben.

Als erstes möchte ich mich bei Frau zur Nieden für ihren Themenvorschlag „RSA-Verschlüsselung" bedanken. Im ersten Moment dachte ich natürlich „Mann, ist das blöd", aber im Laufe der Beschäftigung mit dem Thema wurde mein Interesse geweckt (Dies ist kein „Geschleime"). Außerdem danke ich meinem Korrekturleser und Physiker Sebastian Euler aus Schweden. Mein letzter Dank geht an meine Eltern, ohne deren gelegentliche - entschuldigen Sie den Ausdruck - „Arschtritte" diese Arbeit nicht in dieser Form zustande gekommen wäre.

Quod erat demonstrandum, 26.

BEI GRIN MACHT SICH IHR WISSEN BEZAHLT

- Wir veröffentlichen Ihre Hausarbeit, Bachelor- und Masterarbeit

- Ihr eigenes eBook und Buch - weltweit in allen wichtigen Shops

- Verdienen Sie an jedem Verkauf

Jetzt bei www.GRIN.com hochladen und kostenlos publizieren